활짝

平山 신기용

 아프리카, 인도, 몽고, 중국, 호주를 탐사하며 토착민의 연주를 통하여 받은 음악적 감화를 바탕으로 대전대학교와 부산대학교에서 무용음악, 음악치료, 리듬을 가르쳤고 힐링콘서트 『평산의 음악여행』을 진행해 온 치유음악가이다.

2002년 제1회 부산공연예술제 개막공연 『태』 음악감독
2005년 부산APEC기념공연 『태평양 널뛰기』 음악감독
2010년 MBC 다큐 e세상이야기 『치유명상음악가, 평산 신기용』
2011년 KBS1라디오 및 한민족방송 다큐 『나의 삶 나의 보람』 출연
2012년 평산의 음악여행 『허억봉을 그리며』 기획공연(서울)
2013년 World Culture Open 초청특강 및 연주 『소리와 음악의 힘』
2014년 오월문학제 및 전국문학인대회 초청공연(광주)
2014년~2015년 대전MBCFM97.5 『평산의 음악여행』 방송
2014년~2018년 평산의 음악여행 기획 및 공연
2017년 대전시립미술관초청강연 『음악 그리고 힐링』
2018년 대한민국연극제 개막공연
2019년~2021년 클래식 월간 『음악저널』 칼럼니스트

Amazing Poetic Aphorism!

활짝

쭈山 신기용

도서출판 **문화의힘**

활 / 짝

시인의 말

일 년에 한두 번 오도송처럼
기특한 생각이 말문을 박차고 나갈 때면
주위 분들이 파안대소하며 '책으로 내라'는
강력한 권유가 많이 있었습니다

그 덕분에 용기를 낸 겁니다

감사할 따름입니다.

2025년 여름
쭈山 신기용

| 차례 |

제1부_ 활짝

활짝················13
길손················14
삶이란··············15
본다················16
만트라··············17
거미와 이슬··········18
모과················19
단풍················20
해바라기············21
수련················22
솟대················23
약수터에서··········24
결·················25
단순하게············26
예수와 부처·········27
천국···············28
쏜살같이············29
남의 아픔을 보듬자·····30

제2부_ 엄마의 레시피

엄마의 레시피 ·················· 33
시애틀 추장의 편지·············· 34
슬프다 ························ 35
검은머리도요새가 하는 말 ······· 36
대비하라 ······················ 37
어서 오셔요 ··················· 38
스무 살의 낙서 ················ 39
만둣집에서 ···················· 40
첫 번째 연애편지 ··············· 41
집착 ·························· 42
욕애 ·························· 43
최초의 생일 케이크 ············· 44
덜 ···························· 45
덤 ···························· 46
날이 저문다 ··················· 47
며느리 자랑 ··················· 48
빵빵거리지 마·················· 49

| 차례 |

제3부_ 마음 비우지 말고

가끔·················· 53
착한 동창············· 54
친구의 훈수·········· 55
나는 행복한 사람····· 56
I will survive········ 57
마음 비우지 말고···· 58
성감대················ 59
부비부비·············· 60
약···················· 61
대장장이에게········ 62
먼 거리가 아니다···· 63
음악은················ 64
진공묘유·············· 65
북···················· 66
피아노················ 67
바하·················· 68
음악·················· 69

제4부_ 함부로 도 닦지 마라

도인보다 휴머니스트 …………… 73
명리 ………………………………74
빙의 ……………………………… 75
함부로 도 닦지 마라 …………… 76
도천 스님 ………………………… 77
오! ………………………………… 78
모래무지 ………………………… 79
오리가 닭에게 …………………… 80
늑대가 우짖는 것은 ………………81
승진 걱정 ………………………… 82
등산과 섹스를 학교에서 배우나……… 83
시인이 너무 많다 ………………… 84
백상연 선생님 …………………… 85
문학상 …………………………… 86
김수영 시인 ……………………… 87
백석 시인 ………………………… 88
미당 : 백석 ……………………… 89

제5부_ 좀생이별

좀생이별 ················· 93
나는 보았지 ················· 94
나는 질에 관심이 많았다 ················· 96
촛농 ················· 98
창살 아래 ················· 100
그물이 촘촘했으면 ················· 101
숨은 꽃 ················· 102
알람 누 ················· 103
Shall we dance? ················· 104
아담의 배꼽 ················· 106
유성 장날 ················· 107
복수초가 하는 말 ················· 108
씽 ················· 109

남기는 말 ················· 110

해설 | **김유석** 시인
맘껏 웃고 사랑하고 춤췄다 ················· 113

제1부

활짝

활 / 짝

활짝

꽃이 나에게 말했지
너도 나처럼 꽃이 되고 싶거든
크게 웃어봐

활~짝!

길손

저문 들녘에
목이 쉰 바람소리 가득차면
길손은 벌써부터
새벽별이 그리워 설레네

누군가 그에게 다가와
부드러운 입김을 불어준다면
가슴속 불꽃이 활활
타오를 수 있으련만

메마른 땅에 단비처럼
그의 거친 손을 감싸준다면
아침이슬처럼 해맑은 미소로
노래할 수 있을 것을

그러면
그 노래는 다시 강물이 되어
저 넓은 바다로 굽이쳐 흐를 터인데

삶이란

낮잠이 쏟아져 꾸벅꾸벅 졸다가
빗방울 떨어지는 소리에 놀라 벌떡 일어나
빨래 걷으러 가다가
돌부리에 걸려 넘어지기도 하는 것

본다

높이 나는 새가 멀리 본다고 한다
낮게 나는 새가 자세히 본다

혜안clairvoyance이 열리면
날지 않고도 본다

만트라

인도를 여행하다 보면 수행자가 만트라를 음송하는 것을 듣게 된다

산스크리트어로 man은 '생각'을, tra는 '도구'라는 의미이다

즉, 신성한 간구를 농축하고 있는 언어를 도구로 생각(의식)을 전환하는 것이다.

나는 아침마다 매일 이렇게 노래한다

마음은 바다처럼, 기운은 산처럼

*만트라 : Mantra 呪文, 眞言

거미와 이슬
 – 오봉옥 시인의 「거미와 이슬」에 대한 답시

거미 : 이슬아, 이제 그만 사라져 줄래?
이슬 : 왜?
거미 : 너 때문에 벌레들이 달라붙지 않거든
이슬 : 야, 나도 오랜만에 햇살을 받으며 뽐내고 싶다구
거미 : 나, 굶은 지 삼일이나 됐어
이슬 : 그건 수목원 아저씨들이 농약을 품어 대서 벌레들이 다 죽어서 그런 거야
거미 : 그럼, 이렇게 하자
이슬 : 어떻게?
거미 : 아침에 등교하는 아이들에게 너의 속을 잠깐만 보여주고는 눈물방울처럼 오체투지하는 거야
이슬 : 뭐! 눈물방울처럼?
거미 : 응, 눈부시게 아름다운 것은 슬프고 짧아야 좋거든

모과

못생겨서 과일 망신시킨다고
거들떠보지도 않을 때는 언제고

가을만 되면
코를 부벼대며 만지고 난리들이야

확!

단풍

오체투지하기 전에
곱게 단장하고
폼 좀 잡고 있거늘

왜들 자꾸 쳐다보고 그래!

이쁜 것만 보면 그냥 환장을 해요

해바라기

일 년 내내 한눈 한 번 안 팔고
선키스를 하더니만

얼굴에 선물을 바리바리 담아 놓고
웃고 서 있구나

수련

수련이 수런거렸다

나는 연못의 더러운 물만 마시고 살면서도
활~짝 웃는다

사람들은 생수에 쌀밥을 먹으면서도
왜 그렇게 인상을 찌푸리고 사는고

솟대

변덕이 심한 여자의 마음은 갈대
그런 여자를 쫓아다니는 남자는 멀대
겉은 멀쩡한데 속이 비었으면 허우대
늙어서도 욕심이 하늘을 찌르면 꼰대
좋은 책은 마음을 밝히는 등대
음악은 마음의 빗장을 여는 쇳대
나의 마음은 고향하늘을 그리는 솟대

나는 울지 않기 위하여 남을 웃기는 광대

약수터에서

자기가 마시던 표주박을 헹구어
물을 떠주는 여인에게

낭자, 버들잎은 안 띄워 주시오? 하니
대인, 젊어서 여자 꽤나 울리셨지요? 하며
옆에 있는 단풍나무 잎을 따서 넣어준다

전화번호를 따내려다 애써 참았다

결

물결
바람결
소리결
마음결
자연의 숨결

다 결을 타는 거지요

단순하게

캐나다에서 살던 20대 청년이 가출하여 실종된 후 5년이 흘러간 뒤에
 아마존의 도로에서 경찰에 발견되어 가족에게 인계된 후 한 말이다

'세상살이는 단순해요. 많은 것이 필요가 없어요'

예수와 부처

교회와 절에서 못 보던
예수와 부처를
나는 세상에서 많이 보았다

천국

대전역 광장에서
말끔한 차림의 신사가
손 마이크를 들고 걸어가며
쉴 새 없이 외쳐댄다

예수를 믿어야 천국에 갑니다

뒤따라오는 늙수그레한 짐꾼 아저씨 하는 말

내가 앉은 자리가 천국이라네

쏜살같이

이웃집에 혼자 사시는 할머니께서
몸져누워 계시다는 소리를 듣자마자
죽을 쑤어 가지고
쏜살같이 달려가시던 우리 엄마

이제 생각해 보니
부처님이고 예수님이었어

남의 아픔을 보듬자

남의 아픔을 열심히 보듬다 보면
나의 아픔은 저절로 잊혀진다

제2부

엄마의 **레시피**

활 / 짝

엄마의 레시피

마늘은 착착착

파는 송송송

무는 어쓱어쓱

간장은 쫄끔쫄끔

참기름은 동실동실

깨소금은 솔솔솔

엄마 콧등엔 땀방울이
송글송글

시애틀 추장의 편지

'인디언은 연못 위를 쏜살같이 달려가는 부드러운 바람소리와 한낮의 비에 씻긴 바람이 머금은 소나무 내음을 사랑한다'

시애틀 추장의 편지 가운데 이 부분을 읽을 때면
나는 잠시 눈을 감고 이렇게 패러디한다

'조선 사람은 개나리의 꽃잎을 쓰다듬는 봄 아지랑이와 소슬한 바람에 실려 오는 귀뚜라미 소리를 사랑한다'

슬프다

근호 : 왜 그렇게 시무룩하세요

평산 : 온난화로 얼음이 다 녹아내려 알래스카 원주
 민들이 이주 결정을 내렸다고 하네
 거참!

검은머리도요새가 하는 말

우리들은 내비게이션 없이 기름 한 방울 안 넣고
뉴질랜드를 출발해 일주일 만에 한국 개펄에 도착해요

사람들은 이제사 내비게이션을 만들었죠

만물의 영장이라며 자신들의 보금자리를 이렇게 오염시켜요?

대비하라

인공지능 연구개발보다
기후변화에 따른 환경의 역습에 대비하라

대비하라!
대비하라구!
내 말이 안 들려?

어서 오셔요

Soon I am coming.
성경 요한계시록의 마지막 구절입니다

중학교 영어 시간에 '왕래발착동사'가 미래를 나타내는 부사와 함께 현재진행형에 쓰이면 아주 가까운 미래를 대신한다고 배웠습니다

예수님!

곧 올 거다 하고 말씀하신 지가 언제이십니까
10분마다 동식물의 종種이 하나씩 사라진다는데
왜 얼른 안 오시고 자꾸만 꾸물거리고 계셔요

스무 살의 낙서

나는 신음 대신에 선율을 택하겠다

들꽃은 은하수 저편에서 실려 오는 자장가로 잠이 든다

관념의 옷을 벗고 타산적인 증오의 닻을 내리면
아침은 마음을 닦는 여승의 안眼이 된다

곤혹스러운 일상 속에서 소중히 나를 감싸는 것은
여전히 녹슬지 않는 나의 의지였다

만둣집에서

까까머리 중학생 때였지요

만둣집에 동무들을 데리고 가서
한 판에 삼백 원 하는 만두를
여섯 판이나 시켜 먹고는
손님이 북적거리는 틈을 타
탁자에 천 원을 놓으며
3 × 6 = 10이니까 천원 맞지요?
하고는 죽자사자 줄행랑을 쳤지요

도망치는 우리들을 바라보며
웃고만 계시던 만둣집 아주머니

나중에 팔백 원 들고 찾아갔더니
머리통에 꿀밤을 때리고 왕만두를 주시며
네놈이 올 줄 알았다
배고플 땐 언제든지 또 와라

P.S. 인생이 꼭 삼 육 씨팔은 아니지요

첫 번째 연애편지

J에게

이 세상 태어나 처음으로
마음의 동요를 느낍니다

짧은 편지이지만 그 이상의 마음으로…

집착

상처가 아문 뒤에도
붕대를 감고 다니는 것

욕애欲愛

지나고 보면 다 환幻이고 신기루蜃氣樓일 뿐

최초의 생일 케이크

생일이 다가오면 청년시절 공사판에서 만난
괴짜 선배 생각이 난다

야, 너 오늘 귀빠진 날이지, 이제 너가 몇 살이지?

스물입니다

그 선배, 벌떡 일어나 카스테라와 소주를 사왔다
카스테라에 내 나이만큼 성냥개비를 꽂고
라이터로 불을 붙이더니
소주를 종이컵에 가득 따라 주면서
걸쭉한 소리로 축가를 불러준다

해피 귀빠진 날 투유

달기똥 같은 눈물이
카스테라로 왈칵 쏟아지며 성냥불이 꺼진다

덜

저잣거리에서 생선 파는 아주머니보다
저는 덜 춥습니다

눈길에서 파지 줍는 할아버지보다
저는 덜 춥습니다

엄동설한 일본대사관 앞에서
눈을 맞고 덜덜 떨고 있는 소녀상보다

훨씬 저는 덜 춥습니다

덤

길가에서 과일을 파시는 아주머니께서
오늘따라 시름이 가신 얼굴이다

아드님 임용고시는 됐나요
네, 합격해서 중학교 나가고 있어요
잘 됐네요 축하드려요 사과 한 봉다리 주시죠

하나를 덤으로 담으시는 선한 눈빛을 뵈니
나의 목소리가 목구멍으로 기어들어 간다

더 안 주셔도 되는데요

날이 저문다

땅거미가 승냥이처럼 달려드는 유성시장

팔다 남은 채소를 리어카에 도로 담는
구부정한 할머니의 허리춤에
아령만 한 시름이 고드름처럼 매달린다

할머니 집에 돌아가시면
맨 먼저 누가 달려 나올까

아들, 손자, 며느리, 할아범

아니다. 바둑이뿐이다

며느리 자랑

칠십이 넘으신 택시 운전기사님
며느리 자랑을 하신다

이렇게 비만 오면 며느리가 저한테 전화를 하네요

아버님, 비 오니까 얼른 집에 들어가서 쉬세요
택시회사 납입금은 제가 송금해 드릴게요

빵빵거리지 마

봄비가 내리는 비탈길을
할머니가 파지를 가득 실은 손수레를
끌며 오르고 있다

어쩐담
파지가 빗물에 젖으면
더 무거워질 텐데

이 광경을 지켜보느라
차를 천천히 운전하니
뒤차가 자꾸만 클락숀을 울려댄다

빵빵! 빵빵!

빗줄기가 점점 굵어진다
내 눈도 점점 축축해진다

활/짝

제3부

마음 비우지 **말고**

활 / 짝

가끔

행색은 초라하지만
초롱한 눈빛으로 미소 짓는 사람을
가끔 본다

가난하면서도
더 가난한 이웃을 보살피는 사람을
가끔 본다

높은 지위와 재력을 지녔어도
겸유兼柔한 모습으로
사람들을 편안하게 해주는 사람을
가끔 본다

아주 가아끔

착한 동창

초등학교 앨범을 보니
동창들이 세상을 많이 떠났다

하필이면 마음이 착한 동창들만…

친구의 훈수

약자의 편에 서 있었고
구속되지 않는 영혼, 개방된 마음으로 살다 보니
마누라한테는 늘 미안하지만 후회는 없다네
나는 지금도 배에 왕王 자가 새겨져, 틈만 나면 운동을 하거든
친구가 한 달 뒤에 뱃살 집어넣고 나타나면 멋지게 한 판을 쏘겠네

그 이름 장성옥

나는 행복한 사람

중남미를 2년 7개월 여행하고 돌아와
여행가 노동효 씨가 나에게 한 말

나는 내가 보아도 행복한 사람으로 보여요

부러워서 죽는 줄 알았다

I will survive

시베리아에 사는 네 발가락 도롱뇽은
특이한 혈액 때문에
영하 40도 추위에서도 살 수 있다

한반도의 평산은 한겨울에 불을 안 때고
살 수 있다

구두닦이 빼고는 다 해보았으니
황무지에 가서도 살 수 있다

마음 비우지 말고

억지로 마음을 비우려 하지 말고
좋은 마음을 내야지

성감대

나의 성감대는 정수리다

사람의 몸에는 성감대性感帶만이 아니라 성감대聖感帶도 있다
백회百會라 일컫는 정수리다

정수리로 우주의 신성한 기운이 스며들기 원한다면 잔머리를 굴리지 말아야 한다

부비부비

주모가 묻는다

밤이 늦었어요
문을 닫아야 하는데
언제까지 술을 드실 거지요

주모가 여인으로 보일 때까지 마실 거요
 주모가 임자가 있다니 살을 부빌 수는 없고
 잔이나 부벼 봅시다

부비부비

주모, 제가 이 집에 술만 마시러 오는 게 아니고
 주모의 미소도 마시러 오는 거요

주모가 빙그레 웃으며 하수오 담금주를 내온다

약

눈에는 눈 이에는 이

아니다

눈에는 안약
이에는 치약

대장장이에게

당신이 녹이 슨 나를 불길 속에 집어넣어
수십 번 까무러치고 나니
말랑말랑해지더이다

커다란 망치에게 요리조리
신나게 두들겨 맞고 나니
꼬락서니가 변하더이다

이제 찬물 속으로 집어 던져졌으니
제정신이 들어 한 마디 하겠소

나를 불에 달구어 사정없이 팰 때는
당신이 정말 미워 죽이고 싶었소
그런데 노인네가 웬 힘이 그렇게 좋소
이렇게 이쁜 호미가 될 줄은 꿈에도 몰랐소

먼 거리가 아니다

 몽고 고비사막에서 울란바토르까지 마중을 나온 사람에게 먼 길 오느라 수고 많이 하셨다 말하니 그는 당치도 않다는 듯

 먼 거리가 아닙니다 It is not a long distance
 저희들은 친구를 만나러 가거나 배웅할 때 이삼일은 보통이지요

 하기사, 아프리카 마사이족도 친구를 만나러 보통 이삼일은 걸어간다

음악은

하린 : 선생님, 음악이 뭐예요?
평산 : 사람의 마음의 빗장을 열어주는 소리 잔치란다
하린 : 너무 어려워요
평산 : 어려워? 음악은 낮고 높은 소리, 길고 짧은 소리로 만드는 소리놀이란다
하린 : 아! 그렇구나. 더욱 재미있게 말씀해보세요
평산 : 음악은 우리를 춤추게 하는 하늬바람

*하린은 지인의 따님으로, 『평산의 음악여행』에 출연한 그때 초등 4학년생이었다.

진공묘유 眞空妙有

북이 소리가 나는 것은
그 속이 비어 있기 때문

매미가 앰프와 스피커 없이
온 동네가 다 들리도록 크게 우는 것은
10년 동안 땅속에서 속을 비워내고
공명강 resonance cavity 을 넓혀온
수행의 결과 때문

북

1

북을 왜 치세요

사람을 치면 교도소 가고
북을 치면 박수를 받거든요

2

세상에서 찬밥신세 되고
결핍이 목구멍까지 차 올라왔을 때
석문石門에서는 새로운 가락이 용솟음쳤다
용오름처럼…

피아노

80세 되신 할머니께서
고등학교에 피아노를 기증하시면서
하신 말씀

어머님 산소가 학교 바로 옆에 있으니
 학생들이 음악을 연주하면 어머님께서 들으시고
 좋아하실 것 같아요

바하

  단순한 마음의 환기가 아니라 내면의 승화와 의식의 고양이 일어나는 음악을 들으면 지복을 느낀다
  특히 바하의 요한 수난곡 John's Passon이 그러하다

  언제나 신성 divinity을 체감케 하기에

음악

음악 때문에 죽지 않고 살아 있다
음악 때문에 다시 태어났다

베토벤은 귀가 안 들리고
악보가 안 팔리고
형수는 바람나고
조카마저 속을 썩일 때
환희의 송가를 작곡했다

활 / 짝

제4부

함부로 **도** 닦지 **마라**

활 / 짝

도인보다 휴머니스트

나는 크게 깨달았다는 도인보다
소박한 휴머니스트가 더 좋더라

명리命理

명리학은 인간의 통계적인 유사성은 탐색하나
개체의 고유한 정체성까지는 못 밝혀낸다

그러니 너무 믿지 말지어다

빙의憑依

중음신에게 마음이 휘둘리며 살아가는 것만이 빙의가 아니다
사이비 교주나 기이한 명상, 영성수련 지도자에게 영혼이 빨려
온전한 자유의지 없이 사는 것도 빙의가 된 것이다

함부로 도 닦지 마라

도 닦는다고 뜬구름 잡지 말고
바로 옆에 있는 사람을 행복하게 해주라

도천 스님

 공연을 다니고 와서 도천스님을 찾아뵀을 때 하신 말씀이 자꾸만 생각난다

 그 동안 많이 화려했어? 음악은 할 때만 신나지?
 도道는 한 번 통하면 아무 때나 신난다!

오!

모음 '오'는 구심력centripetal을 유도하는 모음으로 기운을 수렴, 응집, 응축시킨다
다음 낱말들을 읽으면서 몸과 마음으로 '오'의 기운을 느껴보라

오싹, 옴찔, 옹녀, 몰다. 몽돌, 좁다, 옹심이, 조이다, 좁히다, 보듬다, 꼬집다. 모이다, 모으다. 몰리다, 쏠리다. 옥죄다, 오무리다. 몽글몽글, 오글오글, 오돌오돌, 오물오물, 옹알옹알, 옹기종기, 모락모락, 송글송글, 조잘조잘, 꼬깃꼬깃, 쫄깃쫄깃, 모여들다, 몰아치다. 옭아매다, 옴짝달싹, 쪼그리다. 쫑긋쫑긋, 오그라들다

*오! 하고 항문을 오므리면 기운이 모인다.
이를 두고 축정수련蓄精修練이라 한다.

모래무지

너는 전생에
무슨 죄를 그리도 많이 지었기에
허구한 날 모랫바닥에 머리를 처박고
원산폭격을 하고 있노

모르시는 말씀
사금砂金을 찾고 있는 거여요

오리가 닭에게

엄동설한에
너는 횃대에서 움츠리고 앉아 있지

나는 강물에 뛰어들어 자맥질을 하지롱
왜냐하면 내 몸의 기름이 부동액이거든

늑대가 우짖는 것은

늑대가 보름달을 보고 우짖는 것은
달 속에 토끼가 보이기 때문이다

승진 걱정

병원에서 청소하시는 아주머니
언제나 싱글벙글 웃고 다닌다

아주머니는 어떻게 그렇게 맨날 웃고 사셔요?

저는 승진 걱정을 안 하니까요

등산과 섹스를 학교에서 배우나

사람들이 나에게 종종 묻는다
음대를 안 다니시고 어떻게 독학으로 음악을 배우셨어요

너털웃음을 지으며 이렇게 반문을 한다
당신은 등산과 섹스를 학교에서 배우셨나요

시인이 너무 많다

시詩는 말씀 言 변에 절 寺 자이다
말로 절은 고사하고
암자도 못 지으면서…

백상연 선생님

　보령시 성주휴양림에 공연을 갔다
　관람석에 이십대 후반 여성과 그 어머니가 눈에 들어와

　어머님, 따님 인상이 참 좋으네요라고 말하자 정색을 하신다

　말도 하지 마세요. 이년 때문에 속 썩은 생각을 하면…
　글쎄 저의 딸이 고3 때 갑자기 특수교육학과에 가겠다하여 너무 어려운 길이기에 거기 가면 죽여 버리겠다 하였더니만 어느 날 굵직한 나뭇가지를 꺾어 가지고 나타나 무릎을 꿇고는
　엄마! 분이 풀리실 때까지 저를 때려주시고 나서 특수교육학과에 가게 허락해 주세요라고 말하여 할 수 없이 거기 보냈어요

　백상연 선생님, 파 이 팅!

문학상

문학상 중에는
짜고 치는 고스톱도 있을 거여

김수영 시인

언어로 의식을 매달아 과녁을 맞창내는 김수영,
그가 자기 고유의 직관을 개념화시키는 과단성은
장닭이나 투계의 면모다

백석 시인

글을 쓰는 후배가 한 말이 생각난다

백석의 시를 읽다 보면
내장이 다 쏴~ 해져요

그의 시에는 뻥이 없다

시를 읽은 한참 뒤에도
그 잔향과 여운이 가슴속에서
메아리치며 감도는 시가 있다
백석의 시가 그러하다

미당 : 백석

얄미운 관능이 염려艶麗하게
오감을 홀리는 미당의 수사rhetoric

살얼음 속에 미소를 드러내는
백김치 맛 같은 백석의 진언mantra

활 / 짝

제5부

좀생이 별

활 / 짝

좀생이별

북두칠성 가운데 네 번째 별이
가장 흐리다

그 별이 지구에서 가장 멀리 있어서
그렇게 보이나니
무시하지 마라

지금 우리가 바라보는 저 별빛은
1300년 걸려 지구에 도달한 것이다

유현幽玄을 말함이다

나는 보았지

　태풍이 지나가자 집을 수리하는 까치 부부를
　노을 지는 강에서 공중 부양하는 물고기를
　호박꽃 속에서 온몸에 노란 꽃가루를 묻히며 꿀을 빠는 벌들을
　토란잎 위에 앉아 아침이슬을 핥던 청개구리를

　반야심경 암송하다 까먹고 씩 웃는 행자를
　불전함을 확인하며 신사임당이 나오면 눈이 반짝하던 공양주를
　구세군 자선냄비에 꼬깃꼬깃한 배춧잎을 넣으면서 수줍어하던 할머니를
　연못에서 깔깔거리며 물수제비 뜨는 동네 꼬마들을

　새끼들과 헤어지며 두 번 뒤돌아보던 암사자를
　악어가 우글거리는 강물에 맨 먼저 뛰어들던 누우를
　늦가을 풀밭에서 쭈그리고 앉아 있는 사슴벌레를
　소나기를 맞고 집으로 잽싸게 뛰어가던 바둑이를

날이 저물어 팔다 남은 과일을 리어카에 담던 할머니를
초등학교 입학식 날 가기 싫다고 떼쓰는 꼬마를
비오는 날 손님이 없어 낙숫물을 바라보던 구둣방 사장님을
소나기 그친 뒤 떠오른 쌍무지개를
나는 보았지

나는 질에 관심이 많았다

 가래질 가위질 갈금질 갈퀴질 갑질 강도질 거렁뱅이질 걸레질 걸음질 곁눈질 계집질 고함질 곡괭이질 골질 곤두박질 꼰대질 꼴갑질 괭이질 꾀질 구걸질 구김질 구역질 구타질 군것질 길쌈질 낚시질 난도질 날림질 납땜질 낫질 노질 노략질 노름질 노리개질 다름박질 다림질 닦달질 담금질 딸국질 따돌림질 담배질 대패질 댓글질 땜질 땜빵질 떡매질 도끼질 도둑질 도리질 도리깨질 도망질 돈질 돌림질 돌팔매질 되새김질 두레박질 뚜럭질 뒷걸음질 뒷돈질 뒷말질 뒷발질 뒷손질 뒷짐질 뜀박질 뜨개질 마감질 마름질 다툼질 마작질 말질 맞담배질 맞불질 매질 맷돌질 무당질 무두질 문자질 물걸레질 물레질 물질 밀대질 바느질 바람질 박음질 발질 발길질 방귀질 빨래질 부역질 부채질 불질 분란질 붓질 비랭이질 비럭질 빈손질 빗지락질 빗질 사기질 사냥질 삽질 삿대질 쌈질 쌈박질 쌍욕질 서방질 선생질 써레질 손가락질 손질 솔질 송곳질 쇠스랑질 수작질 숟가락질 순악질 신경질 악다구니질 양손질 얼래질 역음질 오입질 요분질 욕질 용개질 연애질 이간질 입막음질 입질 자랑질 자맥질 작당질 작

두질 잠수질 잡질 잡탕질 장도리질 장난질 쟁기질 저붐질 저울질 절구질 젓가락질 조랭이질 쪼다질 주먹질 지게질 찜질 철질 첩질 칫솔질 카톡질 칼질 키질 타래질 토악질 투기질 투서질 투정질 패악질 편지질 포악질 푼수질 풀질 풀무질 한손질 한풀이질 해적질 헛다리질 헛발질 헛손질 헛질 헛구역질 호미질 화냥질

 더 생각이 나시면 알려주세요

촛농

 아버지, 뒷목에 종기가 나서 욱신거려요
 어디 보자, 좀 더 곪을 때까지 그냥 놓아두렴

 사흘 뒤, 촛불을 켜시고 부르신다
 이리 와서 고개 숙여봐
 양 엄지손톱으로 인정사정없이 종기를 터트려 고름을 짜내고는 입으로 쪽쪽 빨으시더니만 펄펄 끓는 촛농을 떨어뜨리신다

 으악! 뜨거워요
 나는 기겁을 하며 닭기똥 같은 눈물을 쏟아내건만
 무심한 아버지는 아무 일도 없다는 듯

 짜식! 지 에미를 닮아 엄살은… 하시곤
 촛불을 훅 불어 끄신다

 아니, 누구를 닮아요?
 탱자나무 가시 같은 어머니 목소리가 화살처럼 달려나온다

'……………'

 아버지, 우두커니 보름달만 쳐다볼 뿐 말씀이 없으시다

 촛농이 오체투지를 멈추고 은수저 빛 연기로 피어오르더니 한바탕, 도살풀이를 추고는 혼비백산魂飛魄散한다

 지금도 목덜미에 문신으로 남아 있는 촛농 자국

창살 아래

젊은 날 어디선가 읽은 글이다

미국에서 인종차별이 극심할 때 백인을 때리고 교도소에 들어온 흑인 죄수 두 사람이 감방에서 창문을 바라보고 있었다

한 사람은 쇠창살을 바라보고
다른 사람은 창살 사이로 반짝이는 푸른 별을
바라보고 있었다

그물이 촘촘했으면

 교도소에 가서 수형자들에게 기공음악치료를 한 적이 있다 첫날 수형자들 앞에서 내가 하는 첫 마디에 모두 웃음바다가 되었다

 그물이 촘촘했으면 나도 여기에 걸려 들어왔지

숨은 꽃

아무도 보지 않는 곳에서
웃고 있는 꽃이 있다

아무도 듣지 않는 곳에서
노래하는 새가 있다

아무도 오지 않는 곳에서 춤을 추는
평산이 있다

알람 누

제주 아프리카박물관에서 세네갈 춤꾼 '알람 누'가 맨발로 춤을 춘다

그녀의 춤사위는
아름다운 생명의 약동
거침없는 영혼의 발광

타오르는 불꽃
펄펄 뛰는 물고기
하늘을 나는 바다새
초목을 흔드는 회오리바람

신나게 아주 신나게
미친 사람처럼

Shall we dance?

하늘 바라보며 춤을
땅을 바라보며 춤을
해를 바라보며 춤을
달을 바라보며 춤을
별을 바라보며 춤을
꽃을 바라보며 춤을
무지개를 바라보며 춤을

푸른 초원에서 춤을
바람 부는 언덕에서 춤을
눈 내리는 들판에서 춤을
노을 지는 바닷가에서 춤을

무지개를 따라가며 춤을
새들의 노래를 들으며 춤을
흔들리는 갈대와 함께 춤을
늑대 동생, 바둑이와 함께 춤을
아이들과 함께 손을 잡고 춤을

돈 없고 빽 없는 사람들과 어깨동무하고
춤을 춥시다

아담의 배꼽

 미켈란젤로의 '천지창조'를 보면 아담의 배에 배꼽이 그려져 있다
 하나님께서 흙으로 빚어 숨을 불어넣어 만든 피조물에 탯줄 자국이 웬말인가

유성 장날

유성시장 구경을 갔더니
백발 할머님의 칼칼한 목소리가
귓전을 파고든다

어서와, 반대 서명하고 가세요
 백년이나 된 시장인데
 다 내쫓고 아파트를 짓는 다네요.
 쫓겨나면 갈 데가 있어야지

복수초가 하는 말

봄, 여름, 가을에는
아무도 없는 깊은 산속 바위틈에서
가만히 용맹정진이나 하다가

엄동설한 혹한을 뚫고 눈보라를 헤치며
빙벽을 오르는 외로운 의인義人에게만
알몸을 보여줄 거예요

씽

꾸밈없이 말하고
아낌없이 퍼 주다가
어린아이처럼
배시시 웃으며
씽— 하고 가야지

씽! 씽! 씽!

| 남기는 말 |

당신도
활짝
웃으면
꽃입니다

2025년 여름

해설

맘껏 웃고 사랑하고 춤췄다

김유석 시인

활 / 짝

맘껏 웃고 사랑하고 춤췄다
– 평산 신기용 시인의 시에 부쳐

김유석 시인

시인은 이 시집을 내기 전에 이미 천상 시인이었다. 시 한 수 지었는데 한 번 들어 볼라냐며, 어린 아이가 소꿉놀이를 하듯, 물수제비를 뜨고 나서 웃을 때처럼 암송하곤 했다. 그때 들었던 시들은 「활짝」, 「엄마의 레시피」 등이다. "꽃이 나에게 말했지/ 너도 나처럼 꽃이 되고 싶거든/크게 웃어봐// 활~짝". 시인은 시를 읊은 뒤 시처럼 활짝 웃었고, 듣는 사람도 같이 웃었다. 「엄마의 레시피」를 낭송할 때는 엄마의 손맛 듬뿍 담긴 요리를 기다리는 아이처럼 "마늘은 착착착 파는 송송송 (…) 깨소금은 솔솔솔"을 신나게 입 연기를 했다.

시인보다 아직 세상을 덜 살아서일까. 처음에는 좀 동화 같은 얘기라고 생각했다. 아이처럼 활달하고 천진난만한 시인이지만 그가 읊었던 시들은 많이 울어본 어른의 시였다. 울음을 넘어 인생에서 웃음의 의미를 깊이 느끼고 깨닫고 다시 아이보다 더 아이의 본질을 이해하는 이의 시였다.

　니체는 『짜라투스트라는 이렇게 말했다』에서 인간의 정신 성장 단계를 낙타-사자-어린 아이로 비유했다. 낙타는 복종하고 순응하는 정신이고 사자는 으르렁거리고 반항하는 정신이다. 이를 뛰어넘는 어린 아이의 정신은 변덕스럽고, 마음껏 욕망하는 정신이다. 놀이에 푹 빠진 채, 싫은 일이든 좋은 일이든 지난 일은 금방 잊고 새날처럼 새로 시작하는 망각과 창조의 정신이다. 그렇기에 시인이 시를 암송할 때마다 어린아이의 열정과 장난스럽고 놀이 같은 창작열에 전염되곤 했다.

　9년 전에 평산 신기용 선생을 제주도에서 처음 만났다. 형형한 눈빛에 은빛 억새처럼 찬란히 흩날리는 머리카락, 구수하고 여유 있는 말부림. 도인의 풍모였다. 그전까지는 아무 인연도 없는 사이였다. 나는 떠돌이였고, 제주에서 2년 가까이 홀로 산 적도 있다. 제주 살 때 알던 지인이 빌려놓은 집에 갔고, 그 지인을 아는 시인의 친구가 시인을 데리고 제주 함덕의 그 집에 온 것이다. 방을 공짜로 쓰는 우리는 각자 방을 차지하고는 또 각자 오름이고 해변이고 산책을 나갔다. 그러다 식사를 한 번 같이 했고, 육지에서 한번 만나자는 허망한 약속을 하고 헤어졌다. 그런데 또 육지에서 만나게 되었다. 그 사이 제주 시절의 기억을 더듬어 쓴 시를 모아 시집을 냈다. 평산 시인은 축하해 주러 대전에서 내가 사는 전주까지 한달음에 달려와 한옥 마을에서 막걸리를 마셨다.

시인들은 만남의 횟수를 따지지 않는다. 한번을 만나도 강렬한 시 같은 만남이면 이미 마음속에 들어와 함께 있다.

그가 오랜만에 연락을 했고, 이메일로 시 한 묶음을 보냈다. 시집을 내라고 종용한지 4~5년이 지나 있었는데, 그는 시를 쓰고 있었던 것이다.

"건강은 어떠세요?"

시 묶음을 받은 후 전화 통화로 형식적인 안부 인사를 물었다.

"아퍼. 파킨슨병이래요."

시인은 담담히 말했다. 청천벽력 같은 대답이었다. 파킨슨병! 근육이 서서히 굳어간다는……. 제주 두모악 갤러리의 사진가 김영갑 씨가 앓아서, 평생 사진만 찍던 사람이 집 밖 거동을 못하게 했던 병. 시인은 북이며 아프리카 악기를 신들린 듯이 다루는 악기 명인이다. 나는 할 말을 잃었다. 북을 치고 춤을 추기에도 모자란 그에게는 전혀 어울리지 않는 병이었다. 힘겨운

병마와 싸우고 있는 시인에게 시는 전 인생을 걸고 집약한 아포리즘이다. 짧은 시들이지만 천천히 오래 읽었다.

1. 웃는 남자

평산 시인 하면 가장 먼저 떠오르는 것은 웃음이다. 그의 웃음은 조소嘲笑나 독소毒笑가 전혀 섞이지 않는 순수한 앙천대소仰天大笑이자 희소喜笑이다. 하늘을 보고 웃으며 기뻐서 웃는다. 좋은 기운을 퍼뜨리는 웃음이다. 시집을 읽으면서도 가장 먼저 떠오르는 단어는 웃음이다. 삶은 고苦이기에, 기대치를 줄일 필요가 있다. 일상은 우연히 일어나는 일들로 가득 차 있다. 그 우연성을 인정한다면 웃어넘길 일도 많아진다. 시인은 「삶이란」에서 삶은 "낮잠이 쏟아져 꾸벅꾸벅 졸다가/ 빗방울 떨어지는 소리에 놀라 벌떡 일어나/ 빨래 걷으러 가다가/ 돌부리에 걸려 넘어지기도 하는 것"이라고 했다. 정신 바짝 차리고 살라지만, 낮잠이 쏟아져 대낮에 졸 수도 있고, 갑자기 소나기 천둥 번개를 맞고서야 널어 놓은 빨래가 생각나 뛰쳐나가다가 돌부리에 넘어지기도 한다. 이 불가예측한 세상살이에서 넘어져서 울지 않고, 유머와 웃음으로 구렁이 담 넘어가듯 생의 파고波高를 넘는 것이다.

　　못생겨서 과일 망신시킨다고
　　거들떠보지도 않을 때는 언제고

　　가을만 되면
　　코를 부벼대며 만지고 난리들이야

　　확!

　　　　　　　　　　　　　　　- 「모과」 전문

　시인의 웃음에는 반전의 인생 서사가 숨어 있다. 안데르센 동화 「미운 오리 새끼」에서 오리 무리 속에서 놀림 받던 어린 백조가 우아한 백조가 되어 날아가듯이, 시인의 유머에는 고통스럽고 지난한 인생살이가 축약되어 있다. '모과'는 시퍼렇게 커 나가는 때에는 울퉁불퉁하고 못생겼지만 가을에는 노란 빛을 띠며 향을 내품는다. 「수련」에서도 마찬가지다. '수련'은 "연못의 더러운 물만 마시고 살면서도 활~짝 웃는"다. 그의 웃음은 단순히 해학을 넘어 인생살이의 깊은 페이소스를 짐짓 아무렇지도 않게 보여준다. 그런 뜻에서 자신을 "나는 울지 않기 위하여 남을 웃기는 광대"(「솟대」)라고 하는 것이다.

시인은 '욕애欲愛'가, "지나고 보면 다 환幻이고 신기루蜃氣樓일 뿐"(「욕애欲愛」)이라는 사실을 잘 안다. 하지만 또한 "억지로 마음을 비우려 하지 말고/ 좋은 마음을 내야지"(「마음 비우지 말고」)라고 하듯이 마음에서 일어나는 욕망을 모른 척 없는 척 하는 것도 진실하지 않다. 시인에게 유머는 이 욕애의 비움과 마음 냄 사이에서 적정한 자리를 찾아, 조급함과 도인의 초탈 어느 쪽에도 속하지 않는 현실 감각을 잃지 않은 여유와 웃음을 얻었다.

> 자기가 마시던 표주박을 헹구어
> 물을 떠주는 여인에게
>
> 낭자, 버들잎은 안 띄워 주시오? 하니
> 대인, 젊어서 여자 꽤나 울리셨지요? 하며
> 옆에 있는 단풍나무 잎을 따서 넣어준다
>
> 전화번호를 따내려다 애써 참았다
>
> – 「약수터에서」

"전화번호를 따내려"는 것을 "애써 참은" 마음에서

건강한 웃음이 파생하고 있다. "애써 참은" 마음이 도달점이라 해서 그 마음이 주인공은 아니다. "전화번호를 따내려"는 마음 역시 시인에게 중요한 성적 에너지 리비도이다. 이 시의 또 다른 주인공은 "여인"인데 버들잎은 안 띄워 주냐는 시인의 말에 시퍼런 버들잎이 아니라 빨갛게 물든 단풍잎을 띄워준다. 그것은 유혹이기도 하고, 자신의 리비도를 자유자재로 세련되게 성숙하게 포장할 줄 아는 여인의 여유이기도 하다. 이렇게 적절한 거리와 혹惑의 균형을 찾을 줄 아는 두 사람은 긴장을 잃지 않고 있으며 독자는 그 긴장의 무대에 초대되면서, 긴장이 약간의 틈새를 낼 때 마음껏 웃을 수 있다. 그래서 그의 웃음은 건강하고 균형 잡혔지만, 생의 긴장을 품은 웃음이다. 이것을 잃는 순간 곧 죽음이 아니겠는가. 그는 깊이 살아 있다.

2. 자기 주인됨과 휴머니즘

시인은 소박한 휴머니스트가 되고 싶어한다. 휴머니스트의 제1원칙은 소승小乘 차원에서는 자기 인생의 주인공은 바로 자신이라는 태도이고, 대승大乘 차원에서는 이웃 사람들을 행복하게 해주는 일이다.

시베리아에 사는 네 발가락 도롱뇽은
특이한 혈액 때문에
영하 40도 추위에서도 살 수 있다

한반도의 평산은 한겨울에 불을 안 때고
살 수 있다

구두닦이 빼고는 다 해보았으니
황무지에 가서도 살 수 있다

- 「I will survive」

 힘겨운 삶이었지만 자신감은 충만하다. 자신을 잃어버리고 세속의 흐름이나 초월적인 힘에 의지해버릴 수도 있지만, 시인은 자신의 몸으로 당당히 "한겨울"을 살아간다. 자신이 인생의 주인공임을 잘 알기 때문이다.
 '명리학'을 "너무 믿지 말지어다"(「명리命理」)라고 한 데서나, "중음신에게 마음이 휘둘리며 살아가는 것만이 빙의가 아니"고 영성 수련 지도자 등에게 영혼을 뺏겨 "온전한 자유의지 없는 삶을 사는 것도 빙의가 된 것"(「빙의憑依」)이라고 하듯이, 시인은 초월적인 것이나 외부에서 주입한 관념 및 운명을 멀리한다. 그것들이 자신이 주인됨을 방해하기 때문이다. "도 닦는다고 뜬구름 잡지 말고/ 바로 옆에 있는 사람을 행복하게 해주라"(「함부로 도 닦지 마라」)라고 하는 데서 시인은 도 닦기에 어떤 식으로 관심을 가졌던 듯하다. 관심이 없었다면 도 닦기에 대해 긍정도 부정도 표명할 일이 없기 때문이다. 관심을 가져본 결과 이웃을 행복하게 해주는 것이 도 닦기 수행임을 깨달았다. 그래서 "나는 크게 깨달았다는 도인보다/ 소박한 휴머니스트가 더 좋더라"(「도인보다 휴머니스트」)라고 말한다.

휴머니스트로서 시인은 힘겹게 사는 이웃들의 삶을 깊이 들여다보고 공감한다.

> 칠십이 넘으신 택시 운전기사님
> 며느리 자랑을 하신다
>
> 이렇게 비만 오면 며느리가 저한테 전화를 하네요
>
> 아버님, 비오니까 얼른 집에 들어가서 쉬세요
> 택시회사 납입금은 제가 송금해 드릴게요
>
> — 「며느리 자랑」

택시를 탔다가 택시 기사의 얘기를 들었을 것이다.

세상에는 각양각색의 감동적인 며느리 자랑이 있을 테지만 이만큼 정확하게 자랑하는 경우는 많지 않다. 하루 종일 택시에 앉아서 운전을 하는 시아버지가 빗길에 사고를 당하지는 않을까 걱정이 되어 며느리는 전화를 걸었다. 비가 오면 택시를 타는 사람이 늘어 더 많은 돈을 벌 수도 있다는 사실을 며느리는 잘 안다. 그러나 돈 더 버는 것보다 시아버지가 얼른 들어가 안전하게 쉬기를 바란다. 시아버지가 매일 사납금을 채워야 한다는 것을 잘 알기에, 가장 설득력 넘치고 현실적이고 정확하게, "납입금은 제가 송금해 드릴게요"라고 말할 수 있다. 사람과 사람 사이에서 상대의 마음을 깊이 이해하는 말은 이렇게 단순하고 정확한 언어이다. 우리네 일상 속에서 타인을 진심으로 위하는 말은 허황되지 않고 진실하다.

「날이 저문다」에서는 "땅거미가 승냥이처럼 달려드는 유성시장"에서 채소를 파는 할머니가 집에 돌아가면 반겨주는 것은 "바둑이뿐"이라며 힘겹고 외로운 노파를 어루만지고, 비오는 날 "파지를 가득 실은 손수레"를 끌고 가는 할머니에게 늦게 간다고 '클락숀'을 울려대는 운전자를 보고 "내 눈도 점점 축축해진다"(「빵빵거리지 마」). 이렇듯 시인은 주변에서 힘겹게 살아가는 노인들의 삶을 애정 어린 시선으로 지켜본다.

3. 성聖의 음악과 춤

"음악 때문에 죽지 않고 살아 있다/ 음악 때문에 다시 태어났다"(「음악」)라고 할 정도로 평산에게 음악은 인생의 전부다. 그에게 음악은 북을 칠 때 무아지경으로 자신을 잃어버리는 것이고, 잃어버리기에 청청하게 다시 태어나게 하는 것이다. "북이 소리가 나는 것은/ 그 속이 비어 있기 때문"(「진공묘유眞空妙有」)인데, 속이 비어 있기 때문에 낭랑한 소리를 세상에 울리며 자신의 온 존재를 드러낼 수 있다. 음악은 순간을 영원한 것으로 만들고, 생의 집약과 몰입을 청각적으로 드러낸다. 음악 속에서 생은 절정(클라이맥스)에 놓이는데, 이는 예술가들의 영원한 지향점이다. 음악과 함께할 때 일상의 속俗됨 속에서도 성聖스러움을 발견한다. 베토벤이 "귀가 안 들리고/ 악보가 안 팔리고/ 형수는 바람나고/ 조카마저 속을 썩일 때" "환희의 송가를 작곡"(「음악」)한 것처럼, 음악은 인생을 찬양하고 승화시키는 예술의 최고봉이다.

음악의 체화體化인 춤은 어떠한가.

제주 아프리카박물관에서 세네갈 춤꾼 '알람 누'가 맨발로 춤을 춘다.

그녀의 춤사위는
아름다운 생명의 약동
거침없는 영혼의 발광

타오르는 불꽃
펄펄 뛰는 물고기
하늘을 나는 바다새
초목을 흔드는 회오리바람

신나게 아주 신나게
미친 사람처럼

- 「알람 누」

 "음악은 우리를 춤추게 하는 하늬바람"(「음악은」)이다. 음악은 듣는 것으로 그치지 않고, 몸으로 구현된다. 춤은 "생명의 약동"이고 "영혼의 발광"이다. 춤은 생명을 가진 인간이 순간을 가장 완전하게 누리는 행위이다. 이성과 합리성을 최고의 가치로 치는 이 시대에 "신나게 아주 신나게/ 미친 사람처럼" 춤을 추며 현대 '합리적인' 인간이 잃어버린 순간의 몰입, 감정의 자유로운 발산이 원시적으로 근본적으로 실현된다.
 독일의 사회학자 마르쿠제에 따르면, 현대 자본주의

사회는 모든 것을 돈의 가치로 환원하는 '1차원적 사회'다. 상품뿐만 아니라 자연도 돈의 가치로 평가하며, 심지어 사람도 돈의 가치로 평가한다. 그 사람이 받는 연봉이 그 사람의 가치다. 더 나아가 사랑마저도 돈의 가치로 평가하기도 한다. 현대자본주의 체제를 비판 없이 수용하는 '1차원적 인간'이 표준인 이 시대에 시인은 북이 내는 소리(음악)와 북을 치는 율동적이고 반복되는 동작(춤)을 동시에 선보이며 "박수소리가 좋아요?/ 그럼요, 돈보다도 좋아요"(「북」)라고 말한다. 그는 음악으로 이 시대와 체제가 양산한 근본정조인 산만과 분주를 넘어 성스러운 순간의 불꽃을 스스로 터트린다.

> 무지개를 따라가며 춤을
> 새들의 노래를 들으며 춤을
> 흔들리는 갈대와 함께 춤을
> 늑대 동생, 바둑이와 함께 춤을
> 아이들과 함께 손을 잡고 춤을
> 돈 없고 빽 없는 사람들과 어깨동무하고
> 춤을 춥시다
>
> ― 「Shall we dance?」 부분

춤은 독무가 아니라 같이 추는 춤이다. "돈 없고 빽 없는 사람들"과 함께 "어깨동무"하고 추는 춤이다. 이처럼 시인은 음악과 춤을 자신의 온 존재를 드러내는 행위이자 온 존재로 타인과 만나는 축제다. 많은 시인들이 음악을 예술 중의 예술로 찬양하면서 음악을 사랑한다. 특히 평산 시인은 치유명상 음악가인 만큼 음악에 대한 애정이 각별하고, 이 음악을 명상과 기쁨과 치유를 위해 타인과 맘껏 공유한다.

　평산 신기용 시인은 이 시집에서 평생 소중하게 일궈낸 생의 고갱이를 촌철살인의 아포리즘aphorism으로 집약했다. 시인은 성인 남성이 대개 그렇듯이 긴장되고 지난한 삶을 살아오면서도, 여유와 웃음을 잃지 않았고 그 호방함을 주변 사람들에게 맘껏 나눠주었다. 그 호방함이 여기서는 시의 형식으로 세련되게 표출된 것이다. 시집 곳곳에서 생의 에너지리비도, Libido가 세련되고 정확한 유머로 흘러넘친다. 자신의 생의 주인공이기 때문이다. 시들이 내장한 건강함과 긍정성은 이 자기 주인됨에서 나온다. 어딘가에 의지하고 빙의되거나 눈치 보는 일 없는 정신이다. 시인은 도인다운 풍모이지만 초월적인 위치에서 속세인을 내려다보지 않고 소박한 휴머니스트로서 이웃의 아픔과 외로움을 따스하게 어루만진다. 이 시집은 또한 음악을 위한 시집이다. 순간의 불꽃에 미혹되고 그 불꽃을 사랑하면서, 그는 영원한 현재에 사는 진정한 예술가이다. 인류의 원조인 아프리카 원시 부족의 기운으로 생동하는 영혼이자, 이 시대의 진정한 '그리스인 조르바'이다.

Amazing
Poetic Aphorism!
활 짝

발행일 2025년 9월 9일

지은이 신기용
펴낸이 이순옥

펴낸곳 도서출판 문화의힘
        등록 364-0000117
        주소 대전광역시 동구 대전천북로 30-2(1층)
        전화 042-633-6537
        전송 0505-489-6537

ISBN 979-11-994438-0-8 (03810)
2025 ⓒ신기용
저자와 협의로 인지는 생략합니다.

* 저자와 출판사의 서면 허락 없이 무단 도용하거나 발췌하는 것을 금합니다.
* 잘못된 책은 구입하신 곳에서 교환해 드립니다.

                          값 13,000원